Wer dreht die Drehleiter?

Warum legt die Feuerwehr auch Brände?

Wer wacht in der Feuerwache?

Wie heiß brennt Feuer?

Wann schwimmt die Feuerwehr?

Warum tragen Feuerwehrmänner keine Bärte?

Wohin springen Feuerspringer?

Wie üben Feuerwehrleute?

Wer räumt nach einem Einsatz auf?

Wie löscht die Feuerwehr im Hochhaus?

Impressum

Band 21 der Reihe
„Was Kinder wissen wollen“
Velber-Verlag

Illustrationen: Detlef Kersten
Coverfoto: FIRE Foto/Thomas Gaulke
Fotos: Istockphoto.com (17, 29, 33);
Ruth Jungbluth (17, 45);
FIRE Foto/Thomas Gaulke (9);
Mike McMillan/Spotfire Images (39);
Picture-Alliance/dpa (7, 11, 15, 19, 35, 41, 45);
Reinhard Wilde (13, 21, 23, 25, 27, 31, 37, 43)

Text und Redaktion: Andrea Schwendemann
Layoutentwurf: Christoph von Herrath
Layout: Anja Schmidt
Repro: Baun PrePress, Fellbach
Druck: Proost, Belgien

ISBN 3-86613-523-8
ISBN 978-3-86613-523-9 (ab 1. 1. 2007)

Wir danken der Berufsfeuerwehr Freiburg
für die freundliche Unterstützung.

Wie schnell ist die Feuerwehr?

Verblüffende Antworten über die Feuerwehr

velber

Wer zieht den Löschzug?

Mehrere Feuerwehrautos, die zu einem Einsatz fahren, bilden einen Löschzug. Der Chef eines Löschzuges ist der Einsatzleiter. Er sitzt im Einsatzleitwagen, der den Löschzug anführt. Dann folgen ein bis zwei Löschfahrzeuge, ein Drehleiterfahrzeug, ein Rüstwagen und manchmal ein Rettungswagen. Es hängt von der Art des Einsatzes ab, mit welchen und mit wie vielen Autos die Feuerwehr zum Einsatzort fährt. Alles, was die Feuerwehr zum Löschen und Retten braucht, führt sie in den Löschautos mit sich: Wasser, Schläuche, Pumpen, tragbare Leitern, Sprungpolster ...

Übrigens:
Am Einsatzort beginnt der so genannte Löschangriff: Jeder Feuerwehrmann und jede Feuerwehrfrau hat eine ganz bestimmte Aufgabe. Zum Beispiel kümmern sich einige um die Wasserversorgung, das ist der Wassertrupp. Andere rennen mit einem Schlauch ins Haus und löschen, das ist der Angriffstrupp.

FR 2209
Ziegler

Womit löscht die Feuerwehr?

Neun von zehn Bränden löscht die Feuerwehr mit Wasser. Denn Wasser hat viele Vorteile. Es kostet nicht viel und ist umweltfreundlich.
Aber einige Brände lassen sich nicht mit Wasser löschen, zum Beispiel brennendes Öl oder Benzin. Warum? Wasser ist schwerer als Öl. Trifft es auf brennendes Öl, sinkt es ein. Das Öl „schwimmt" auf dem Löschwasser. Das Wasser darunter dehnt sich jetzt durch die sehr große Hitze aus und explodiert. Deshalb löscht die Feuerwehr solche Brände mit Löschschaum. Das ist ein Gemisch aus Wasser mit Schaummittel und sieht aus wie Schlagsahne. Der Schaum legt sich wie ein Teppich über das Feuer und erstickt es.
Feuer kann außerdem noch mit Löschpulver und Löschgasen gelöscht werden.

Übrigens:
Wenn bei dir zu Hause eine Pfanne mit heißem Fett brennt, darfst du niemals mit Wasser löschen. Bitte einen Erwachsenen, das Feuer mit einem trockenen Topfdeckel zu ersticken.

Rettet die Feuerwehr auch Tiere?

Zur Arbeit der Feuerwehr gehört sehr viel mehr als Feuer löschen! Retten, löschen, bergen und schützen sind die vier Hauptaufgaben der Feuerwehr. Sie ist also auch bei Verkehrsunfällen und Hochwasserkatastrophen im Einsatz. Und sie hilft natürlich auch Tieren. Stell dir vor, eine Katze sitzt verletzt auf einem Baum! Dann kommt die Feuerwehr und holt sie mit einer Leiter herunter. Oder an eurem Hausdach haben sich Wespen ein Nest gebaut: Auch hier hilft die Feuerwehr. Sie entfernt die Wespen und siedelt sie anderswo wieder an.

Übrigens:
Das Löschen von Feuer ist zwar die älteste Aufgabe der Feuerwehr, aber nur noch etwa jeder fünfte Einsatz ist ein Löscheinsatz.

Ein Tiertransporter ist verunglückt.
Feuerwehrleute fangen eine Kuh ein.

Ein Feuerwehrmann entfernt Plastik
und Papier aus einem Storchennest.

Wo kommt das Löschwasser her?

Am Brandort löscht die Feuerwehr zuerst mit dem Wasser, das sie in ihren Löschfahrzeugen mit sich führt. In diese Tanks passen durchschnittlich 1600 Liter Wasser. Dieses Wasser reicht, um einen Zimmerbrand zu löschen. Zum Vergleich: Mit dieser Wassermenge könntest du elf Mal eine Badewanne füllen.
Weil das Wasser in den Feuerwehrautos oft nicht ausreicht, holt die Feuerwehr Wasser aus Hydranten. Das sind Zapfstellen für Wasser. Sie sind an das unterirdische Wassernetz angeschlossen. Manche Hydranten kannst du sehen: Die Überflurhydranten sind etwa einen Meter groß. Die Feuerwehr schließt an die „Arme“ Schläuche an. Der Hydranten-„Kopf“ wird mit einem speziellen Schlüssel wie ein Wasserhahn aufgedreht. Jetzt fließt Wasser in die Schläuche.
Andere Hydranten sind nicht sichtbar: die Unterflurhydranten. Du siehst sie auf der Straße. Sie sind mit einem Deckel zugedeckt. Mit einem Spezialschlüssel kann die Feuerwehr den Deckel abnehmen und ein Rohr hineinstecken. Jetzt funktionieren sie wie Überflurhydranten.
Sind keine Hydranten in der Nähe, holt die Feuerwehr Wasser aus Bächen, Teichen und Flüssen.

Überflurhydrant
HYDRANT
Deckel eines
Unterflurhydranten

Wie viele Feuerwehren gibt es?

In Deutschland gibt es 26000 Feuerwehren. 25000 davon sind Freiwillige Feuerwehren. Die Mitglieder löschen und retten in ihrer Freizeit oder verlassen ihre Arbeitsstelle, wenn ein Notruf kommt. Diesen erhalten sie über einen Piepser oder eine Sirene. Die Jugendfeuerwehren sind Teil der Freiwilligen Feuerwehr. Kinder und Jugendliche ab zehn Jahren können hier mitmachen.
Nur in den größeren Städten gibt es Berufsfeuerwehren – etwa 100 in Deutschland.
Die restlichen 900 sind Werkfeuerwehren: Große und gefährdete Betriebe, wie Flughäfen und Kraftwerke, brauchen eine eigene Feuerwehr.
In Österreich und der Schweiz sind die Feuerwehren ähnlich wie in Deutschland organisiert.

Übrigens:
Insgesamt gibt es in Deutschland eine Million Freiwillige Feuerwehrleute. Sechs Prozent davon sind Frauen. Der Anteil der Frauen bei der Berufsfeuerwehr ist noch geringer: Er liegt bei weniger als einem Prozent.

Jugendfeuerwehr

Flughafenfeuerwehr

Was tun, wenn's brennt?

Wenn es brennt, solltest du dich als Erstes so schnell wie möglich vom Unglücksort entfernen. Du darfst dich auf keinen Fall verstecken! Hole Hilfe oder rufe um Hilfe. Wenn es ein Telefon an einem sicheren Ort gibt, rufe die 112 an. Diese Nummer gilt in ganz Europa. Der Feuerwehrmann oder die Feuerwehrfrau am anderen Ende der Leitung wird dir Fragen stellen: „Wer bist du?“ „Wo bist du?“ „Was ist passiert?“ „Gibt es Verletzte?“ Lege nicht sofort auf, sondern warte auf Rückfragen. Du darfst niemals versuchen, selbst das Feuer mit einem Feuerlöscher zu löschen. Bitte einen Erwachsenen darum.

Übrigens:
In öffentlichen Gebäuden, wie Schulen und Kindergärten, gibt es Feuermelder. Schlage die Scheibe mit einem Gegenstand ein, dann kannst du die Taste drücken – bei der Feuerwehr geht sofort ein Notruf ein und sie weiß genau, wo es brennt.

Feuerwehr
Scheibe einschlagen
3/4E
Knopf tief drücken
SIEMENS

Wie schnell ist die Feuerwehr?

Geht ein Notruf ein, rennen die Berufsfeuerwehrleute zur Fahrzeughalle. Dort ziehen sie in Rekordgeschwindigkeit die Einsatzkleidung an – Stiefel, Schutzanzug, Sicherheitsgurt, Handschuhe und Helm. Die Leute von der Feuerwehr haben sich einige Tricks ausgedacht, damit es besonders schnell geht: Ihre Schutzhose haben sie wie eine Ziehharmonika über die Stiefel gefaltet. Jetzt müssen sie nur noch in die Stiefel springen und die Hose hochziehen. Innerhalb von 90 Sekunden sind sie einsatzbereit: Mit Blaulicht geht's zum Brandort! Im Auto legen sie den Atemschutz an. Spätestens zehn Minuten nach Eingang des Notrufs sollte das erste Fahrzeug am Einsatzort sein.

Übrigens:
In der Nacht sind die Feuerwehrleute der Berufsfeuerwehr noch schneller: Sie springen aus ihren Betten, die sich in den Räumen über der Fahrzeughalle befinden. Dann spurten sie den Gang entlang und rutschen die Rutschstange in die Fahrzeughalle hinunter. Das geht viel schneller als über eine Treppe. Innerhalb von 60 Sekunden sind sie bereit zum Ausrücken!
Die Feuerwehrleute der Freiwilligen Feuerwehr müssen von ihren Arbeitsplätzen oder von zu Hause zum Gerätehaus kommen. Aber dann geht's auch ab wie die Feuerwehr!

Was schneidet die Rettungsschere?

Rettungsschere und Rettungsspreizer sind wichtige Hilfsmittel der Feuerwehr. Sie kommen vor allem bei Unfällen zum Einsatz, bei denen Menschen in Autos eingeklemmt sind. Mit der riesigen Schere kann die Feuerwehr ein Autodach entfernen. Mit dem Rettungsspreizer kann sie schwere Blechteile auseinander drücken.

Übrigens:
Spreizer haben so viel Kraft, dass sie sieben Elefanten hochheben könnten.

Wer wäscht die Schläuche?

Nach jedem Einsatz und jeder Übung muss der Gerätewart die Schläuche genau überprüfen. Zuerst bringt er sie in eine vollautomatische Waschanlage, denn an den Schläuchen darf kein Dreck hängen bleiben. Dann prüft er, ob die Schläuche noch absolut dicht sind. Anschließend kommen die Schläuche zum Trocknen in den Schlauchturm oder in einen Trockenschrank. Sind sie trocken, werden sie aufgerollt und ins Schlauchlager gebracht.

Übrigens:
Die ersten Schläuche soll es bereits im alten Griechenland gegeben haben. Erst im 17. Jahrhundert wurden Feuerwehrschläuche „wieder entdeckt". Bis dahin wurde das Wasser in Eimern zur Brandstelle getragen.

Schlauchwaschanlage

Schlauchturm

Schlauchlager

Wie wird man Feuerwehrmann/-frau?

Ist „Feuerwehrmann/Feuerwehrfrau" dein Traumberuf? Dann kannst du dich bei der Berufsfeuerwehr in deiner Nähe bewerben. Du solltest sportlich und schwindelfrei sein. Allerdings musst du dich noch etwas gedulden. Denn du brauchst eine abgeschlossene, am besten handwerkliche Berufsausbildung.
Zur Freiwilligen Feuerwehr kannst du – je nach Bundesland – mit 17 oder 18 Jahren. Auch bei der Freiwilligen Feuerwehr musst du körperlich fit sein. Und du musst wie die Kollegen von der Berufsfeuerwehr vieles lernen: den Umgang mit dem Strahlrohr und der Motorsäge, das Kuppeln von Schläuchen und anderes mehr.

Übrigens:
Der Einsatz bei einem Brand ist schwerste körperliche Arbeit. Allein die feuerfeste Ausrüstung – Schutzanzug, Helm, Pressluftatmer, Axt und Beil – wiegt etwa 30 Kilogramm.

Wer dreht die Drehleiter?

Wo tragbare Leitern zu kurz sind, werden Drehleitern benutzt. Drehleitern sind auf einem Feuerwehrauto befestigt und lassen sich um 360 Grad drehen.
Und wer dreht nun die Drehleiter? Der Drehleitermaschinist. Er sitzt in einer Art Stuhl auf der Drehleiter und bedient sie. Die meisten Drehleitern haben einen Korb.
So können Personen aus einem brennenden Haus gerettet und in Sicherheit gebracht werden. Oder die Feuerwehrleute stehen im Drehleiterkorb und spritzen von dort aus Wasser in ein brennendes Haus.

Übrigens:
Auch der Einsatz der Drehleiter muss schnell gehen: Der Maschinist hat die Drehleiter innerhalb von einer Minute ausgefahren.

MAGIRUS LEITER
MAGIRUS

Warum legt die Feuerwehr auch Brände?

Waldbrände sind sehr gefährlich, sowohl für Menschen als auch für Tiere. Denn sie breiten sich sehr schnell aus. Es gibt verschiedene Waldbrände. Deshalb löscht die Feuerwehr mit unterschiedlichen Mitteln. Wenn die Baumwipfel Feuer gefangen haben, setzt die Feuerwehr Wasserflugzeuge ein. Bei Bodenbränden schlägt die Feuerwehr Schneisen in den Wald und hebt Gräben aus. In den Gräben findet das Feuer keine „Nahrung“ und kann nicht weiterbrennen.
Manchmal legt die Feuerwehr ein Gegenfeuer, indem sie einen Streifen Wald oder Steppe abbrennt. Auch hier findet das Hauptfeuer kein Brennmaterial mehr und stoppt.

Übrigens:
Jeden Sommer brennen in den USA, in Australien, in Spanien und Porugal die Wälder. Aber auch bei uns gibt es Waldbrände. Hauptursache sind weggeworfene Zigarettenkippen, unerlaubte Lagerfeuer oder Brandstiftung. Auch Glasscherben können ein Feuer auslösen. Denn sie bündeln das Sonnenlicht und entzünden so eine Flamme.

Wer wacht in der Feuerwache?

Die Feuerwache ist das Gebäude der Berufsfeuerwehren. Sie ist rund um die Uhr „besetzt". In der Feuerwache einer Stadt wie Freiburg sind immer 22 Feuerwehrleute – die Mannschaft und der Einsatzleiter – Tag und Nacht im Dienst. In der Leitstelle, das ist die Zentrale der Feuerwehr, arbeiten die Disponenten. Sie nehmen die Notrufe entgegen, alarmieren die Rettungskräfte und geben ein Alarmschreiben an den Einsatzleiter. Darin stehen wichtige Informationen: Art des Brandes, Adresse des Brandortes und der Weg zur Unglücksstelle. Jetzt rücken die Einsatzkräfte so schnell wie möglich aus.

Übrigens:
Zur Feuerwache gehören auch noch: die Fahrzeughalle mit Feuerwehrfahrzeugen, Mannschaftsräume, die Verwaltung und die Werkstätten, Besprechungszimmer, Schulungsräume, Ruheräume, Küche, Werkstätten für die Feuerwehrautos, Umkleideräume, Atemschutzwerkstatt, Kleiderkammer, Schlauchwerkstatt, Funkwerkstatt ...

Ein Disponent
in der Feuerwehrleitstelle.

Wie heiß brennt Feuer?

Nicht alle Feuer haben die gleiche Temperatur. Bei einem Zimmerbrand wird es etwa 900 Grad heiß. Brennt es in einer Gießerei, wird es noch heißer: 1500 Grad und mehr. Bei so heißen Bränden tragen die Feuerwehrleute ganz spezielle Hitzeschutzanzüge.

Übrigens:
Die Feuerwehr hat die brennbaren Stoffe in Brandklassen eingeteilt: A, B, C, D und F. Das hilft den Feuerwehrleuten bei ihrer Arbeit, denn sie wissen jetzt genau, womit sie löschen müssen: Zum Beispiel Holz, Brandklasse A, wird mit Wasser gelöscht. Öl gehört zur Brandklasse B und wird mit Schaum gelöscht.

Wann schwimmt die Feuerwehr?

Feuerlöschboote sind im Einsatz, wenn ein Schiff brennt. Mit ihren Wasserwerfern und Schaumkanonen können sie bis zu 100 Meter weit spritzen. Das ist wichtig. Oft kommen die Löschboote nicht so nah an das brennende Schiff heran – zum Beispiel wenn eine Sandbank dazwischen liegt. Oder es besteht Explosionsgefahr, weil das Schiff gefährliche Ladung an Bord hat. Auch wenn Gebäude einer Hafenanlage Feuer gefangen haben, ist die schwimmende Feuerwehr wichtig. Denn häufig kann nur vom Wasser aus gelöscht werden.

Übrigens:
Auch bei Unfällen wird die „schwimmende Feuerwehr“ gerufen: Verliert ein Öltanker Öl, legt die Feuerwehr mit Luft gefüllte Schläuche um das Öl, damit es sich nicht weiter ausbreitet. Dann saugt sie das Öl mit einer Pumpe auf.
So hat die Feuerwehr schon oft Vögeln das Leben gerettet. Denn das Öl würde ihr Gefieder verkleben. Sie könnten nicht mehr fliegen und müssten sterben.

Warum tragen Feuerwehrmänner keine Bärte?

Die Arbeit der Feuerwehrleute kann sehr gefährlich sein, zum Beispiel bei Brandeinsätzen mit viel Rauch und Qualm. Dann tragen die Feuerwehrleute Atemschutzgeräte, damit sie vor Rauch geschützt sind. Die Atemschutzmaske muss ganz dicht an der Haut anliegen, damit kein Rauch eindringt. Barthaare würden stören und dazu führen, dass der bärtige Feuerwehrmann den gefährlichen Rauch einatmet. Deshalb gilt für Einsätze mit Atemschutzgeräten: Vollbart und Koteletten sind verboten, nur ein Oberlippenbart ist erlaubt.

Übrigens:
Mit einem Atemschutzgerät hat der Feuerwehrmann etwa zwanzig Minuten Luft zum Atmen. Dann muss er das brennende Haus verlassen.

Pressluftatmer

Ausziehen der Atemschutzmaske

Wohin springen Feuerspringer?

Wenn es in den riesigen Wäldern in den USA, Kanada oder Sibirien brennt, werden Fallschirm-Feuerwehrleute gerufen. Das sind die „Smokejumper". Im Deutschen heißen sie Feuerspringer. Diese mutigen Männer und Frauen sind speziell ausgebildete Waldbrand-experten. Sie springen über dem Brandherd ab. Die gelben Anzüge der „Smokejumper" sind feuerfest und gut gepolstert. Denn oft ist die Landung unsanft – zum Beispiel auf Baumwipfeln.
Unten angekommen, versuchen sie das Feuer einzukreisen. Wie machen sie das? Anders als ihre Kollegen von der „Bodenfeuerwehr" löschen sie nicht mit Wasser. Sie haben Axt, Kettensäge und Schaufel im Gepäck. Damit entfernen sie Büsche, Äste und Bäume. Das Feuer findet keine Nahrung mehr und stoppt.

Übrigens:
Der Job der Feuerspringer ist sehr gefährlich. Wenn der Wind plötzlich dreht und das Feuer auf sie zukommt, müssen sie schnell wegrennen. Droht das Feuer sie einzuholen, hilft nur noch das feuerfeste Igluzelt. Sie wickeln sich darin ein. Es hält Temperaturen bis zu 900 Grad Celsius aus.

Wie üben Feuerwehrleute?

Feuerwehrleute müssen immer üben, denn die Einsätze sind schwierig und der Umgang mit Geräten muss perfekt klappen. In Übungsanlagen lernen sie, wie man Brände löscht. Sie haben viele Besprechungen und spielen Einsätze immer wieder am Modell durch. Natürlich müssen die Feuerwehrleute auch körperlich fit sein. So haben Berufsfeuerwehrleute regelmäßig Dienstsport: sie joggen, spielen Volleyball oder gehen klettern ...

Übrigens:

Haben die Feuerwehrleute Dienstschwimmen, fahren sie mit dem Feuerwehrauto und kompletter Ausrüstung in die Schwimmhalle – um bei einem Notruf sofort einsatzbereit zu sein. Ins Schwimmbecken gehen sie natürlich in der Badehose.

Höhenrettung

Üben am Planmodell

Wer räumt nach einem Einsatz auf?

Bei der Feuerwehr ist Ordnung ganz wichtig, denn wenn es brennt, muss alles ganz schnell gehen. Langes Suchen würde wertvolle Zeit kosten. Deswegen hat im Feuerwehrauto alles seinen festen Platz: Schläuche, Stromaggregate, Warnkegel, Motorsägen. Nach jedem Einsatz und nach jeder Übung überprüfen die Feuerwehrleute alle eingesetzten Geräte und Werkzeuge. Und alle müssen aufräumen! Kein Beruf also für Aufräum-Muffel ...

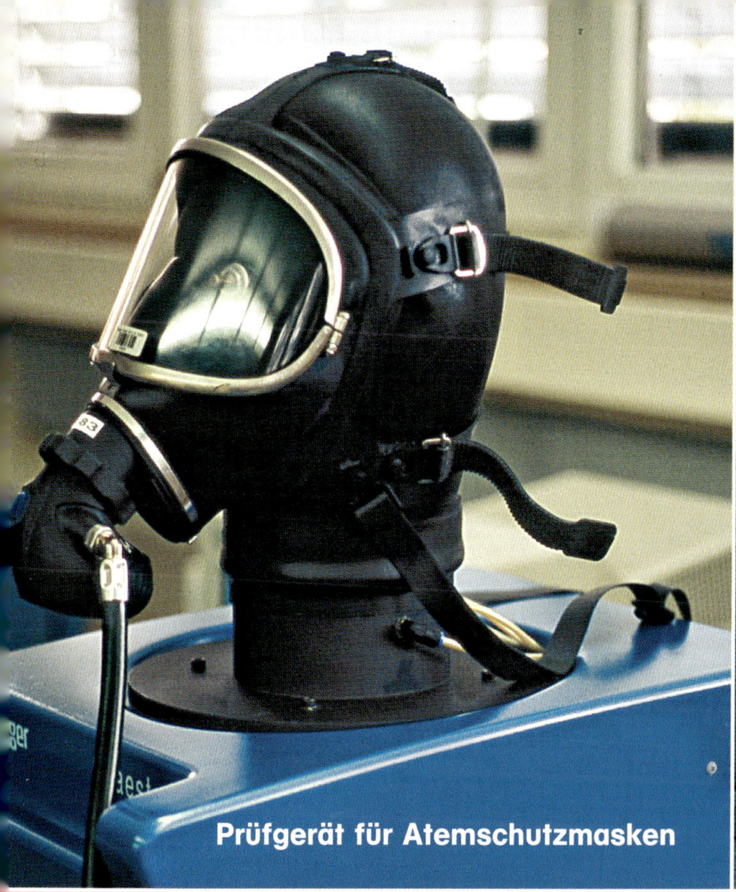
Prüfgerät für Atemschutzmasken

Chemikalienschutzanzug

Wie löscht die Feuerwehr im Hochhaus?

Ein Brand in einem Hochhaus ist ein ganz besonderer Fall für die Feuerwehr. Sie kann nicht von außen mit Drehleitern und Schläuchen löschen. Denn die meisten Drehleitern kommen nur bis zum siebten Stock. Deshalb löscht die Feuerwehr Hochhäuser von innen. Damit das klappt, müssen beim Bau von Hochhäusern besondere Regeln beachtet werden. Hochhäuser brauchen eine Feuerwehrzufahrt, Treppenhäuser aus Stein und Brandschutztüren. Außerdem sind in Hochhäusern Rohre eingebaut, die alle Stockwerke verbinden. Von unten wird Wasser in die Rohre gepumpt. Die Feuerwehrleute rennen die Treppe hoch und löschen mit den Schläuchen, die in jedem Stockwerk vorhanden und an das Rohrsystem angeschlossen sind.

Übrigens:
In manchen Ländern, zum Beispiel in den USA, löscht die Feuerwehr Brände in Wolkenkratzern auch mit Hubschraubern. Die Feuerwehrleute stehen auf einer Plattform, die unter dem Hubschrauber hängt, und löschen von dort aus das Feuer.

Ein aufgerollter Schlauch in einem Hochhaus.

Was Kinder wissen wollen

In der Reihe „Was Kinder wissen wollen“ sind bereits folgende Titel erschienen:

Was wäscht der Waschbär?

ISBN 3-89858-072-5

Woher kommen Blitz und Donner?

ISBN 3-86613-073-2

Warum haben wir zehn Zehen?

ISBN 3-86613-200-X

Wie spült die Klospülung?

ISBN 3-89858-257-4

Können Schmetterlinge hören?

ISBN 3-89858-227-2

Was spuckt ein Vulkan?

ISBN 3-86613-228-X

Wo ist im Weltall oben und unten?

ISBN 3-89858-237-X

Warum hat ein Bagger Zähne?

ISBN 3-86613-283-2

Warum stinkt der Käse?

ISBN 3-86613-293-X

Warum tragen Indianer Federn?

ISBN 3-86613-294-8

Wann ist der Ball im Tor?

ISBN 3-86613-506-8